H.-Georg Lützenkirchen

Auf dem Camino de Santiago

Ein Feuilleton

AF285461

Bibliografische Information der deutschen Nationalbibliothek. Die Deutsche Nationalbibliothek verzeichnet diese Publikation in der Deutschen Nationalbiografie, detaillierte bibliografische Daten sind im Internet über http://www.dnb.de abrufbar.

Die korrigierte Neuauflage des vorliegenden Bandes erscheint in der Reihe Orte.

Orte

ist eine in unregelmäßiger Folge erscheinende Reihe von H.-Georg Lützenkirchen

Herstellung und Verlag:
BoD – Books on Demand, Norderstedt
ISBN 9-783-8423-6935-1

2. korrigierte Auflage 2015

Auf dem Camino de Santiago
Ein Feuilleton

Jakobus der Ältere ist einer der zwölf Apostel. Gemeinsam mit seinem jüngeren Bruder Johannes sowie Andreas und Petrus gehört er zu den sogenannten 'erstberufenen Jüngern'. Sie sind hervorgehoben im Reigen der Jünger, weil ihnen an entscheidenden Stationen im Leben Jesu eine hervorgehobene Rolle zukam. So ist Jakobus einer der Jünger, die Jesus in seiner Verzweiflung angesichts seines bevorstehenden Todes im Garten Gethsemane beistehen.

Nach Jesus Tod und Auferstehung wirkte Jakobus in Jerusalem, wo er während der Herrschaft des Herodes Agrippa, der als König von Judäa in den Jahren 37 – 44 n.Ch. regierte, zu

Tode kam. Genauer: Herodes, so berichtet es die Apostelgeschichte, ließ ihn mit dem Schwert hinrichten.

Und damit beginnt die Legende. Den toten Jakobus nahmen die beiden Freunde Athanasius und Theodorus in ihre Obhut. Sie wollten die Leiche nach Spanien überführen, um sie dort zu begraben. Warum in Spanien? Hier habe er nach Christi Himmelfahrt gepredigt und missioniert. Doch die Überführung des Leichnams über das große Wasser überforderte die menschlichen Kräfte der beiden Freunde. So kam es gelegen, dass ein „Engelsboot" zu Hilfe kam. Mit diesem himmlischen Gefährt gelangte schließlich der Apostel nach Galicien, wo nun endlich auch sein Leichnam begraben werden konnte. Aber zunächst schien dies völlig folgenlos zu bleiben: denn das Grab des

Apostel Jakobus geriet in Vergessenheit.

*

Hatte er überhaupt in Spanien gepredigt und missioniert? Während die Forschung keine Belege dafür gefunden hat, dass Jakobus überhaupt jemals in Spanien war, weiß die Legende anderes zu berichten. Dabei taucht bereits ein interessantes Motiv auf, das prägend wird für den gesamten späteren Jakobus-Kult und – so möchte man hinzufügen – für den spanischen Katholizismus insgesamt: Jakobus ist kein glorreicher Heiliger und auch kein erfolgreicher Held. Von Beginn an haftet ihm etwas Gebrochenes an. Immer droht ein Scheitern. Schon die Legende weiß davon zu berichten: so habe zwar in der Tat Jakobus in Spanien gepredigt, aber ohne Erfolg. Enttäuscht und mutlos sei deshalb der Prediger gewesen, weshalb er sich im heutigen Saragossa am Ufer des Ebro sitzend, entschlossen habe, seine Mission abzubrechen. Doch da sei ihm plötzlich die Jungfrau Maria erschienen. Sie habe ihn getröstet, ihm Mut zugesprochen und vor allem: Unterstützung zugesagt. Die Legende berichtet nicht, welche unmittelbaren praktischen Schlüsse Jakobus aus dieser Erscheinung zog und ob seine Mission von nun erfolgreicher verlief. Wir dürfen es wohl annehmen...

In Saragossa aber verehrt man bis heute die „Madonna del Pilar" (Madonna auf der Säule), denn auf einer Säule war die Jungfrau Maria Jakobus erschienen.

*

Es brauchte einen weiteren göttlichen Hinweis, um die Bedeutung Jakobus für Spanien endgültig zu festigen. Dieser wurde dem Einsiedler Pelayo im frühen 9. Jahrhundert gegeben. An einer Stelle im heutigen Santiago des Compostella erschien dem frommen Mann eine seltsame Lichterscheinungen – und tatsächlich: dort fand der Einsiedler das Grab des Jakobus. Fand er auch die Gebeine? Egal, schnell wurde eine Kapelle errichtet, bald eine Kirche, heute steht dort die gewaltige Kathedrale, das Ziel aller Jakobswegpilger. Wes' Gebeine der Einsiedler freilich in dem Grab wirklich fand, oder ob er überhaupt dergleichen fand, wird für immer sein Geheimnis bleiben. Nun, auch andernorts nimmt man das mit den Reliquien nicht immer so genau. Jedenfalls kam der vermeintliche Fund dem asturischen König Alfonso II. sehr gelegen. Denn er brauchte eine zugkräftige Symbolfigur für sein Projekt der Wiedereroberung Spaniens für die Christenheit.

*

Seit dem 8. Jahrhundert war die iberische Halbinsel fast vollständig von den 'Mauren' erobert worden. Die dunkelhäutigen Fremden mit dem anderen Glauben waren 711 aus dem Norden Afrikas übergesetzt und hatten binnen kurzer Zeit fast die gesamten Reste der ehemals westgotischen Herrschaften hinweggefegt. Ihre Kleinkönigreiche waren den Mauren kulturell, wirtschaftlich und militärisch hoffnungslos unterlegen und so schickten sich diese an, ihre Herrschaft nicht nur zu festigen, sondern bald auch noch auszuweiten. Sogar die Pyrenäen schienen kein Hindernis mehr zu sein. Das christliche Abendland war bedroht. Kurzum: der spanischen Christenheit, speziell der asturischen, kam eine große Aufgabe zu: die Eroberungen der Mauren aufzuhalten, ja sie irgendwann sogar wieder zu vertreiben. Dafür aber brauchte man viele tapfere „Matamores", Maurentöter. Jakobus sollte ihr Führer werden. Denn wenn einer der zwölf Apostel sich höchstselbst den Mauren entgegenstellte, so das Kalkül der asturischen Herrscher, dann würden viele andere diesem Vorbild folgen. Unter dem Banner Jakobus sollte sich also die Christenheit sammeln, um die Ungläubigen zu vertreiben. Nebenbei konnte ein solches Vorgehen auch den eigenen Herrschaftsinteressen dienlich sein. Denn den frühen spanischen Königen, so auch den asturischen, ging es immer auch um die Sicherung eigener Machtpositionen im Prozess der Vereinigung der vielen Königreiche in Spanien. Ebenso suchten sie ihre Positionen im Verhältnis zu Rom, dem Machtzentrum der Christenheit zu stärken.

Tatsächlich fühlten sich die Territorien Spaniens wegen ihrer abseitigen Lage von der römischen Christenheit vernachlässigt und benachteiligt. Mit einer die gesamte Christenheit betreffenden Aufgabe, hoffte man, endlich Anschluss zu finden und die ersehnte Anerkennung innerhalb der Christenheit zu erreichen.

*

Und bald schon konnte man die ersten Taten vorweisen. Und sie wurden sofort systematisch in den Jakobskult eingearbeitet. Als Pilgerstationen sind sie heute auch Teile des Jakobweges. Zunächst galt es, die weitere Ausdehnung der Mauren zu stoppen. 732 war es Karl Martell, dem fränkischen Hausmeier, in der Schlacht von Tours und Poitiers tatsächlich gelungen, den Vormarsch der Mauren aufzuhalten. Doch so bedeutend, wie sich dieser Sieg gab, war er tatsächlich wohl eher nicht. Bei Tours und Poitiers wurden nicht „die" Mauren geschlagen, sondern nur ein maurisches Kontingent auf Raubzug. Solche „Razzien" gehörten besonders in den Grenzgebieten des Maurenreichs zum Alltag der Krieger. Sie dienten zuvorderst der Räuberei. Es ist nicht anzunehmen, dass diese kriegerischen Aktionen tatsächlich weitere Eroberungen abseits der Pyrenäen einleiten sollten.

Aber aus solchen Ereignissen ließen sich Legenden bilden. So wie die von Roncesvalles: der Ort in den Pyrenäen ist einer der Startorte für den spanischen Jakobsweg. Hier soll der Held Roland sich als Matamores bewährt haben. Wieder erweist sich freilich das Heldenhafte gebrochen, denn auch der Held Roland ist ein tragischer Held. Roland war ein Ritter im Gefolge des Großen Karl. Natürlich war Karl der Große in dieser Gegend, so erzählt die Legende, um das Land von den Mauren zu befreien und damit auch das Jakobusgrab in die Obhut der Christenheit zurück zu führen. Der Apostel höchstselbst war Karl erschienen und wies ihm mit einer leuchtenden Spur den Weg für den Kreuzzug gegen die Mauren – mithin zum eigenen Grab. Nun aber befand sich Karl auf dem Rückzug durch die unwegsame Bergregion und zur Sicherheit des Kontingents sollte Roland die Nachhut bilden. Diese wurde überfallen. Tapfer hielt Roland die Stellung und konnte noch zur Warnung an Karl und seine Mannen in sein mächtiges Horn blasen. Doch opferte er dafür sein und seiner Getreuen Leben. Später wird man im „Rolandslied" die Rolle des treuen und tapferen Ritters idealtypisch verklären.

Tatsächlich aber starb Roland nicht durch Mauren Hand, sondern er fiel 778 baskischen Aufständischen zum Opfer. Die wehrten sich gegen die fränkischen Truppen, die unter Karl dem Großen soeben Pamplona zerstört hatten. Hatte ihn dorthin die leuchtende Spur geführt? Sei's drum: Die Ereignisse wurden als Teil der Jakobstradition vereinnahmt. Roland und seinen Getreuen wurde schon bald eine mächtige Grabstätte gebaut. Ein Kloster siedelte sich an und pflegte die Glaubwürdigkeit der Legende. So kamen schon bald die Pilger und fanden im Kloster Heimstatt. So wie heute noch: die große Pilgerherberge ist in den ehemaligen Klosteranlagen untergebracht, daneben bieten 'private' Häuser weitere Pilgerunterkunft. Ein Bett kostet dann bis zu 50 Euro.

Man muss sehen, wo man bleibt. Eben: Pilgern ist eine ernste Sache. Wer hier auf einer Höhe von 1085 Metern fußpilgernd ankommt, macht keinen glücklichen Eindruck. Auch eine eventuell vorhandene innere Seligkeit ist im Ausdruck der peinvollen Gesichter nicht zu erkennen. Eher spiegeln sie triviale Anstrengungen. Normales Wanderweh, das auf Linderung aus ist.

*

Weil der Jakobsweg inzwischen eine populäre, auch mit europäischen Regionalfondsgeldern geförderte Touristenroute darstellt, ist er auch für 'normale' Touristen zugänglich: alle Stationen des Pilgerwegs sind mit dem Auto zu erreichen. Ein blaues Schild mit der gelben Jakobsmuschel weist den Weg. Die Muschel ist das offizielle und wiedererkennbare Pilgersymbol. Für die frühen Pilger mag die Muschel sogar noch eine praktische Bedeutung gehabt haben, wenn sie sich, wie man sagt, zum Wasserschöpfen eignete. Als Zeichen trägt man heute typischerweise die Muschel am breitkrempigen Pilgerhut, am Gürtel oder als Plakette auf dem Pilgerstab. Viele Pilger, die am Ende ihrer Pilgerreise bis zum Cabo Fisterra, dem Westkap hinter Santiago, vorgedrungen waren, nahmen von dort die Muschel mit zurück nach Hause. Sie war ein sichtbares und stolz präsentiertes Erinnerungsstück, das man am Lebensende auch mit ins Grab nahm.

*

Zunächst aber führt der Pilgerweg nach Pamplona, die Hauptstadt Navarras. Heute nennt sich so die Region, früher hieß so ein weiteres Königreich aus dem Nachlass der Westgoten.

Das Königreich Navarra (auch Königreich Pamplona) entstand im Jahre 824, als es – übrigens mit Unterstützung maurischer Verbündeter – gelungen war, die Franken aus Pamplona zu vertreiben. Um 1020 vereinte Sancho III fast das gesamte nördliche Spanien unter seiner Krone und Navarras König wurde so zum mächtigsten christlichen Herrscher Spaniens. Doch Teilungen zerstörten das Reich und an seine Stelle trat das vereinigte Königreich León/Kastilien. Navarra existierte zwar weiter, konnte aber in Spanien nie mehr den Einfluss der frühen Mittelalterzeit erlangen. Heute beschreiben die Basken Navarra als historisches Kernland ihres 'Baskenlandes'. Sie beziehen sich dabei auch auf die Beziehungen zu Frankreich, die Navarra im späten Mittelalter ausgebaut hatte. Tatsächlich umfasst das heutige

'Baskenland', in dem die baskische Sprache gesprochen wird, den nördlichen Teil Navarras sowie die nördlich der Pyrenäen liegenden Regionen Frankreichs mit der baskischen 'Hauptstadt' Bayonne, wo man das Museum für Geschichte und Kunst der Basken, das *Musée Basque* besuchen kann.

*

Zurück nach Pamplona. Unweigerlich führt der Weg auch zur Arena, obwohl die Tauromanie nicht zum Pilgeralltag gehört. Dass zwischen dem Matador der Arena und dem Matamor des Kriegsfeldes nur ein Buchstabe den Unterschied ausmacht, ist eine kuriose Eigenheit der spanischen Sprache. An einer Straßenecke in der Nähe der Arena zählt eine Uhr die verbleibenden Stunden bis zu den nächsten „Sanfermines" herunter. Seit 1591 werden vom 6. bis zum 14. Juli rund um den Feiertag des Heiligen Firmin d.Ä. die berühmten Stierläufe durch die Stadt veranstaltet. Täglich um 8 Uhr morgens findet der „Encierro", das Eintreiben der sechs für die nachmittägliche Corrida de Toros ausgewählten Kampfstiere statt. Angeführt von einigen Ochsen stürmen die Tiere durch die engen Gassen zur Arena, vor sich hertreibend eine Vielzahl 'mutiger' Männer in weißen Hosen und Hemden und leuchtend roten Halsbändern. Die hatten sich zuvor Beistand geholt: *"Wir bitten Dich San Fermín, der Du unser Beschützer bist, uns während des Laufes zu leiten und uns Deinen Segen zu spenden. Es lebe San Fermín!"*

Nicht immer hilft das Gebet. Von den übermütigen, zumeist noch durch Alkohol aufgeputschten jungen Männern geraten während des Laufs viele ins Straucheln. Jämmerlich wanken sie und stürzen aufs Pflaster – so sie denn nicht von den rasend wütenden Stieren erwischt werden. Es gibt Verletzte und immer wieder auch Tote.

In der Arena angekommen bleibt dem Stier noch Zeit bis zum späten Nachmittag, an dem die Corrida de Toros stattfindet. Durch den Degen des Matadors *(Estoque)* wird er dann sein Leben verlieren. Der Stiertöter ist einer der Toreros, wie man ansonsten auch die anderen an der Corrida beteiligten Stierkämpfer nennt. Im ersten Teil sind das die „Picadores", die Lanzenreiter, die zu Pferde dem Matador bei seiner Arbeit beistehen. Ein plumpes Gewerbe, verglichen mit den noch folgenden Teilen, weshalb die Reiter oft den Unmut der Zuschauer zu spüren bekommen. Noch zu Hemingways Zeiten saßen die Picadores auf ausgemusterten und für den Schlachter vorgesehenen Gäulen. Todesmüde Tiere, die spürten, was ihnen bevorstand. Verhielt sich der Reiter ungeschickt, bot er dem heranstürmenden Stier die Flanke dar, in die dieser mit seiner ganzen Wucht hinein stieß. Die armen Pferde wurden aufgerissen, während die Picadores noch versuchten, die Lanze anzusetzen. Heute sind die Pferde mit dicken Polstern vor den Stieren geschützt. Die Tiere kennen den Ablauf. Mit stoischer Ruhe sind sie ihren Reitern zu Willen. Derweil versucht der Matador mit der „capote", einem außen roten und innen gelben Tuch, den Stier 'zu lesen', seine Eigenheiten kennenzulernen, um sich auf ihn einstellen zu können. Die nächsten Toreros sind im zweiten Teil der Corrida die „Banderilleros", die direkt auf den Stier zulaufen und auf möglichst elegante Art im 'letzten Moment' die buntbewimpelten Spieße im Nacken des Stieres platzieren. Sie sollen den Stiernacken schwächen und zugleich dem Matador die tödliche Stelle markieren. Machen sie's geschickt, dann ist das ein ebenso flinkes wie elegantes Schauspiel. Ein ästhetisches Spiel zur Vorbereitung des Todes. Denn zur Vollendung dieses Spiels tritt im dritten Teil der Matador alleine dem Stier entgegen. Zunächst 'tanzt' er mit dem Stier, wobei er die „muleta", das kleinere dunkelrote Tuch zur Ablenkung des Tieres benutzt. Dieser Tanz gebiert die Helden des Stierkampfes. Wenn die zuschauer begeistert aufstöhnen ob der Kunst, mit der der Matador den Stier zum Tanz herausfordert. Jetzt entsteht jene eigenartige Verbindung zwischen Mensch und Tier, die dem Stierkampf seine Erhabenheit, seine mythische Tiefe verleiht. Das Spiel findet sein Ende wenn der Matador sich den Degen reichen lässt. Mit der Muleta in der einen Hand positioniert er den Stier vor sich in eine gebeugte Haltung, die es ihm erlaubt, mit der anderen Hand den Degen über den Kopf des mächtigen Wesens hinweg zwischen die Schulterblätter ins Herz des Tieres zu stoßen.

Ein nach wie vor faszinierendes Schauspiel – wenn es denn in reiner Form aufgeführt wird. Das ist leider längst nicht mehr immer der Fall. Die Stiere sind oft 'rasiert', die Spitzen ihrer Hörner sind abgefeilt, was dem Schutz der Toreros dienen soll, den Tieren aber unnützen Schmerz verursacht. Viele Stiere bringen mehr Masse als Klasse in die Arena. Sie torkeln, knicken in den Beinen ein, stürzen bei plötzlichen Bewegungen. Unförmige Kolosse. So kann das Schauspiel sehr bald unschön werden und von der Faszination des schönen Rituals in der untergehenden Abendsonne ist nichts zu spüren. Eine Vorlage für die Gegner des Stierkampfes. Auch Pamplona muss sich den Vorwürfen stellen. Große Tafeln stehen an der Arena, auf denen man versucht, das Ereignis Sanfermin zu 'erklären'. Die Texte wirken wie eine vorbeugende Entschuldigung dafür, dass man alles so macht, wie man es macht. Aber der Stierkampf kämpft in Spanien ums Überleben. Man ist auch hier verunsichert, obwohl ernsthaft niemand das Fest in Frage stellen wird. Zu bedeutsam ist es als wirtschaftlicher Faktor. Daran ändern auch die Toten des Stierlaufes nichts. Verletzte gibt es sowieso immer und das Risiko einer schweren Verletzung ist durch die steigende Anzahl der Läufer in den letzten Jahren nicht geringer geworden. Viele Läufer sind Touristen, vor allem Amerikaner, bei denen Hemingways „Fiesta" nachwirkt. Den Schriftsteller verehrt man übrigens in Pamplona an vielen Stellen. Als Bronzestatue ist er in 'seinem' Café an der Placa Mayor an der Theke stehend mit Blick auf die Straße verewigt.

*

Die Stiere laufen in den Gassen auch auf dem Pilgerweg. Dort, wo sie eine enge Kurve in Richtung Arena laufen, führt der gerade Weg direkt zur Kathedrale, die man im Rahmen des Museumsbesuchs betritt. Ein riesiger in weiten Teilen zum Glück noch gotisch erhaltener Komplex, der freilich immer wieder sich einem massiven klassizistisch repräsentativen Zugriff erwehren muss. Alles wirkt ein wenig zu groß. Die Kirche hat irgendwann ihr menschliches Maß verloren. Das meint weniger den Kirchenbau, als vielmehr die sich repräsentativ gebende Kirchenmacht, der die Kathedrale zu Diensten verpflichtet ist. So vergeht ein wenig die Würde des Gotteshauses.

*

Der Abstand zwischen der lebensfreudigen Stadt Pamplona und den sich kasteienden Pilgern fällt in der Stadt nicht auf – weil man die Pilger nicht wahrnimmt. Sie meiden die Lebendigkeit der Stadt und streben zügig hinaus nach Puente la Reina. Ein öder Gang durch Stadtvorland, unschöne Gegend. In Puente la Reina führt die alte Pilgerstraße, auf der sich der aragonesische und der navarresische Teil des Pilgerweges vereinen, zur im 11. Jahrhundert errichteten Brücke über den Fluss Arga. Der Ort wusste von den Pilgern zu profitieren, wovon die prächtigen Fassaden der alten Häuser am Weg einen Eindruck zu verschaffen wissen. Heute freilich ist der Ort nur noch eine pittoreske Durchgangsstation auf dem Pilgerweg. Der einstige Wohlstand ist vergangen. Kaum ein Pilger lässt hier Geld. Sie ziehen durch, Autopilger halten kurz für ein Foto. Einen modernen touristischen Mehrwert, wie der Pilgerweg ihn an anderen Stellen darstellt, liefert er hier nicht.

*

Wie sich der Pilgerweg seit dem Mittelalter zu einer einträglichen Geldeinnahmequelle nutzen ließ, das zeigt sehr anschaulich der Ort Estella: er wurde 1090 überhaupt erst gegründet, um an die Pilgergelder zu kommen. Bis dahin lief der Weg der Pilger am Kloster Irache vorbei. Der neue Ort nun, mit einer Brücke über den Fluss Ega, lenkte den Pilgerstrom um und sicherte so Navarra eine verlässliche Einnahmequelle. Immerhin blieb genügend übrig, um auch die Mönche von Irache noch zu entschädigen. Estella aber wuchs schnell, eine Burg bot Schutz auch für eine bedeutsame Judengemeinde in der Stadt. Besondere Rechte ermöglichten der Stadt bis ins 14. Jahrhundert einen eigenständigen Weg, um sich als wichtiger und rentabler Wirtschaftsplatz zu entwickeln. Erst der zunehmende Einfluss Kastiliens erstickte die navarrisch geprägte Eigenständigkeit der Stadt. 1328 kam es zu einem Pogrom gegen die Juderia. Estellas Abstieg begann. Heute ist Estella eine hässlich verbaute Stadt, in der man nur schwer die historischen

Ursprünge erkunden kann.

Das Kloster Irache aber ging den Pilgern nicht völlig verloren. Die ehemalige Benediktiner-abtei, die den Pilgern einstmals Herberge und ein Hospital bot, wird heute wieder gerne angelaufen, weil hier eine weitere Kuriosität des Pilgerwegs anzutreffen ist. Eine Weinkellerei bietet einen offenen Weinausschank. Aus einem „Weinbrunnen" (*„Fuente de Irache")* sprudelt (auf Anforderung) roter Wein in die Gefäße der durstigen Pilger. Ein gelungener Werbegag: in jedem Reiseführer ist ein Bild des Brunnens zu sehen. Die Kellerei begründet ihre Freigiebigkeit keck mit dem benediktinischen Ideal der Gastfreundschaft. Man bittet um rücksichtsvollen Gebrauch der Tränke, dennoch passiert es, dass die etwa 70 Liter Rotwein, die die Kellerei täglich bereit stellt, frühzeitig vertrunken sind und man vergeblich Labsal sucht. So bleibt der Rotwein unverkostet.

*

Rotwein ist das Merkmal der Provinz La Rioja. Wein bauten auch schon die Römer hier an. Nach ihnen und den Westgoten, zu der Zeit, als man Jakobs Gebeine in Santiago zu finden meinte, war die Gegend um die spätere Hauptstadt Logrono maurisch. Die Rückeroberung der Stadt für die Christenheit durch das gemeinsame Vorgehen von Navarra und León im Jahr 923 war eine der ersten markanten Signale der Reconquista. Später geriet die Provinz in die navarrisch-kastilischen Streitereien. Als 1176 die beiden Königreiche Navarra und Kastilien sich einigten, fiel der Großteil der heutigen Provinz an Kastilien. Härtere Zeiten begannen.

Die für die Pilger längst begonnen haben. Logrono ist eine sich weit ins Land streckende Stadt, deren Ausläufer von bemerkenswerter Hässlichkeit sind. Die Autopilger durchfahren diese Gegend zügig. Die Fußpilger freilich müssen sich durch die Öde der Vorstädte quälen.

*

Über die Motive der Pilger, sich dieser Zumutung auszusetzen, kann an dieser Stelle nicht urteilend spekuliert werden. Jedoch gibt die Strenge gegen sich selbst, mit der das Vorhaben auch an solchen unwirtlichen Orten verfolgt wird, zuweilen zu denken. Wo ist der Spaß? Freilich war Spaß dem spanischen Katholizismus immer fremd. Eher war er leidensnah. Weit ab von Rom unter der vermeintlichen Bedrohung des Islam entwickelte die spanische Kirche im Verbund mit ihren weltlichen Verbündeten, den Königen, eine zuvörderst kasteiende Variante der Glaubenspraxis. Sie war wesentlich motiviert durch ein permanentes Gefühl der Bedrohung und Verunsicherung. Man fühlte sich allenthalben verfolgt, kämpfte mit Komplexen nicht nur wegen der selbstbewussten Präsenz der Mauren im eigenen Land, die ständig die schmerzhafte Wunde offen hielt, sondern fühlte sich auch von der als dekadent wahrgenommenen römischen Kirchenführung verlassen. Man sprach den römischen Päpsten Verständnis für die besonderen spanischen Bedingungen ab. Man misstraute ihnen. Wohl nicht ganz zu Unrecht, wenn man bedenkt, dass der erste Papst, der das Jakobsgrab besuchte, Johannes Paul II war

– im Jahre 1982!

Durch strenge Militanz suchte man die Verunsicherung zu kompensieren. Während so die militärische Überlegenheit der ungläubigen Fremden im Laufe der Jahrhunderte mit großen Anstrengungen gebrochen werden konnte, blieb die kulturelle und geistige Überlegenheit bis zu jenem „letzten Seufzer", mit dem Boabdil, „der Unglückliche", als letzter Maurenherrscher 1492 Granada den katholischen Herrschern überließ, bestehen. Die Reconquista war kein optimistischer Aufbruch in eine bessere Zukunft. Sie war ein Leidensweg.

*

Ein solcher Weg verheißt wenig Freude. Um sich dennoch auf den Weg zu machen, braucht es anderen Antrieb. Einer ist Druck: er findet überall auf dem Jakobsweg Ausdruck in demonstrativer Machtrepräsentation: der Christenmensch unterwirft sich dieser Macht. Der andere ist Ansporn: das leisten die Legenden und Kuriositäten auf dem Pilgerweg, über die Gemeinschaft hergestellt wurde (und wird). Beidem begegnet man in der Kirche Santo Domingo de la Clazada. Die schöne romanische Kirche mit gotischen Ergänzungen ist völlig überfrachtet und vollgestopft mit machtrepräsentativen Symbolen, mit welchen die Kirche seit dem Barockzeitalter so viele ihrer altwürdigen Kirchenbauten verunstaltete. So wird auch hier der Raumeindruck, der doch so wichtig ist, um den Kirchenraum als geistige Inspirationsquelle erfahren zu können, völlig zerstört. Hauptübel hier, wie auch in anderen Kirchen, ist der 'coro', eine Art Kirche in der Kirche. Errichtet wurden sie zumeist für die exklusiven

Bedürfnisse der Geistlichen oder Mönche und ihren Gästen. Das gemeine Volk hatte zum Coro keinen Zugang.

Kirche und Ort waren eine bedeutsame Pilger-station. So auch für eine ehedem aus Xanten (andere sagen: „aus dem Rheinland") stam-mende Pilgerfamilie. Für den attraktiven Sohn der Pilgernden interessierte sich zielstrebig eine Magd, was aber den jungen Mann nicht in Versuchung führen konnte, hatte er doch ein Gelübde abgelegt: no Sex während der Pil-gerfahrt! Das kränkte die mutige Magd, wes-halb sie dem Abreisenden einen silbernen Be-cher ins Gepäck schmuggelte, auf dass dieser möglichst schnell gefunden werde und der junge Mann, wenn schon nicht ihr nah, dann doch auch keiner anderen jemals gehören sollte. Wie es denn auch kam: der 'Dieb' wurde gefasst, abgeurteilt und gehenkt. Die traurigen Eltern pilgerten weiter, auf dem Rückweg aber stellten sie überrascht fest, dass ihr immer noch am Galgen hängender Sohn lebte.

Wie das? Jakobus selbst war gekommen und hatte die ganze Zeit den Jüngling abgestützt und so vor dem Erhängen gerettet. Nun aber müsse er auch endlich vom Galgen befreit werden. Denn, so darf vermutet werden, Jakobus unterzog sich der Mühe nicht aus reiner Menschlichkeit. Er hatte ein Interesse: der junge Germane taugte sicherlich zum ausgezeichneten Matamor. So war allen gedient: der Junge lebte, die Eltern waren glücklich und ein weiterer, bestens motivierter Kämpfer gegen die Mauren war gefunden. Also ersuchte man den Bischof um die nötige Erlaubnis, den Jungen vom Galgen zu holen. Der Bischof saß gerade beim Mittagessen, das standesgemäß aus einem gebratenen Hahn und Huhn bestand und befand: *„Eher wachsen dem Geflügel hier auf meinem Teller Federn und es fliegt davon, als dass der Sohn noch lebt."* Sofort flog ihm das Geflügel vom Teller...

... und gleich in die Kirche hinein. Seitdem 'schmückt' ein eiserner Käfig die Kirche, in welchem sich ein Hahn und ein Huhn befinden. Etwa zwei bis drei Wochen verbleiben die Tiere an diesem ungewohnten Ort, bevor sie von Artgenossen 'abgelöst' werden. Pilger und andere Besucher schauen hinauf zum Käfig und wundern sich, wenn der Hahn sich plustert.

Ein Ort wie Santo Domingo de la Clazada macht spätestens jetzt jedem klar: Pilgern ist eine ernste Angelegenheit und dient immer auch einer weltlichen Sache. Das gilt auch für die Wunder und Kuriositäten, die den Sinn der Sache auf ihre Weise verträglich machen. Immer aber gilt: Lässlichkeiten werden geahndet!

*

Das sollte man wissen, wenn man Burgos erreicht. Burgos, Weltkulturerbe. Burgos, der Schrecken aller sonnig-sinnlichen Lebensfreude – es regnet jedenfalls oft hier und für spanische Verhältnisse ist es auch in den angenehmeren Monaten recht kühl in der auf rund 900 Metern Höhe liegenden Stadt. Die unangenehmeren Monate sind die eiseskalten Winter- und wüstenheissen Hochsommermonate. Kein Wunder, dass derartige Extreme es insbesondere den Zugereisten aus den sonnigeren Landesteilen Spaniens schwer machten, sich hier wohl zu fühlen. Dabei geht es bis heute den Stadtbewohnern nicht schlecht. Burgos lebt(e) vom Handel und es lebt vergleichsweise gut davon. Im Mittelalter wurde von hier die Wolle der riesigen kastilischen Schafherden, die über die bis heute die Landschaft markierenden Triebwege das Land durchstrichen, ins reiche Flandern und nach England verkauft. Als eine der wichtigen Stationen des Jakobweges kamen seit jeher Pilger zuhauf in die Stadt – bis heute. Das strenge katholische Milieu, in dem der Bürgerreichtum stabil sich zu erhalten wusste, machte Burgos im spanischen Bürgerkrieg zu einer Bastion der Francisten. In Burgos hatten die Republikaner keine Chance.

Burgos wurde als Bastion gegen die Mauren gegründet. Die hatten an dieser karg-kalten Gegend nur wenig Interesse gezeigt und als sie im Jahre 850 von León aus der Region ver-

trieben wurden, gab es kaum Hinterlassen-
schaften von ihnen. Die „Hauptstadt Kastiliens"
gehörte also zunächst zum Königreich León
und wurde von dort als Grafschaft Kastilien re-
giert. Erst im 11. Jahrhundert entstand aus den
Teilungen des navarrischen Reichs von Sancho
III das Königreich Kastilien. Inzwischen war die
Stadt zu einem der Hauptorte auf dem Jakobsweg geworden, ein Bischofssitz schien ange-
messen. Zunehmend wählten zudem die Re-
genten Kastiliens und Leóns Burgos zu ihrem
Hauptsitz. Vor allem ließen sie sich hier gerne
begraben. Im Gegenzug erhielt die Stadt königliche Privilegien, die wiederum ihren Reichtum sicherten. Dieser Reichtum machte den
Bau der außergewöhnlichen Kathedrale möglich. Eine gewaltige Steinansammlung und
-anmaßung. Der helle Stein lässt die Gotik, die

an französischen und deutschen Vorbildern sich orientierte, zwar freundlich und elegant erscheinen, doch im Inneren wirkt alles nur noch zu groß und protzig. Die Kathedrale wurde gebaut, als weite Teile Spaniens bereits wieder zurückerobert waren. Man kannte also die maurische Architektur. Und bediente sich ihrer bereits, wo man es für schicklich hielt. Anklänge an das, was später der Mudéjarstil (also ein maurisch beeinflusster Baustil) genannt werden sollte, finden sich in der Kathedrale von Burgos in vielen Details. Sie sowie die 'alten' Reste gotischer Baukunst erinnern an eine einstmals edle Größe des Baus. Im Übrigen aber ist die Kathedrale mit katholischer Machtsymbolik, wie sie seit dem 15. Jahrhundert typisch war, zugeballert. Brutal zerstört der Coro den ursprünglichen Raumeindruck.

Völlig überladen die vielen Kapellen.

*

Natürlich findet sich in der Kathedrale auch Burgos' größter Held, El Cid. Hier liegt er begraben und überall findet man ihn auf Abbildungen in der Pose des Matamores: ein mächtiger Reiter, das Schwert schwingend, unter den Hufen seines Pferdes die vom Rumpf abgetrennten Maurenhäupter. Rodrigo Díaz de Vivar, so der richtige Name des Helden, wurde um 1043 in einem kleinen Nest nahe Burgos geboren. Nach dem Tod seines Vater soll er am navarrischen Hof erzogen worden sein. Nach der Teilung Navarras erwarb Rodrigo sich einen gewissen militärischen Ruhm als Ritter in Diensten Kastiliens. Indes kam es mit den Thronnachfolgern zu Streitigkeiten, in deren Verlauf Rodrigo schließlich aus Kastilien verbannt wurde. Schutz und Aufnahme fand er ausgerechnet in Saragossa – bei einem maurischen Fürsten. Der erlaubte ihm den Aufbau einer Söldnertruppe, die - je nach Bezahlung - mal Mauren mal Christen zur Verfügung stand. Rodrigo selber profitierte so oder so und avancierte zu einem einflussreichen 'Warlord'. Seine große Stunde kam 1094, als er interne Streitereien maurischer Herrscher ausnutzend Valencia einnehmen konnte. Fünf Jahre bis zu seinem Tod 1099 beherrschte Rodrigo das ehemalige maurische Königreich in Valencia. Einträgliche Jahre. Nach seinem Tod fiel Valencia wieder an die Mauren.

Bereits zu Beginn des 12. Jahrhundert tauchen die ersten idealisierenden Heldengesänge über El Cid auf. In dem Epos El Cantar de Mio Cid, einer Handschrift, die sich auf das Jahr

1235 datieren lässt, wohl tatsächlich aber eine Abschrift älterer Vorlagen darstellt, wird El Cid zum Idealtypus des spanischen Ritters verklärt. Er ist der tapfere und gerechte Ritter, dessen ganze Kraft auf die Vertreibung der Ungläubigen aus Spanien gerichtet ist. So wird er zum Verteidiger der Christenheit und Sieger über die Mauren. Wieder erstaunt der schwankende Grund, auf dem die Heldenidealisierung stattfindet. Zum Vorbild wird ein Held, dessen eigentliche Interessen vor allem seine eigenen waren. Die Idealisierung blendet die Realität in bemerkenswerter Konsequenz aus.

*

Der Widerspruch zwischen überhöhtem Ideal und tatsächlicher Lebenswirklichkeit wird Jahre später einen weiteren Ritter prägen: Die Geschichte vom tragischen Ritter Don Quichotte ist eine bemerkenswert ironische Auseinandersetzung mit dem Ritterideal – und damit auch einem wesentlichen Teil des spanischen Selbstbildes. Don Quichotte lebte in einer Zeit, in der Ritter keine Gegner mehr fanden für einen ehrenwerten Kampf. Statt Mauren standen nur Windmühlen als wundersam mächtige Gegner zum Kampf bereit – oder vielleicht auch Pilger? Hinter León, auf dem Weg in die nördlichen Berge, überspannt in dem kleinen Ort Hospital de Orbigo mit beeindruckenden zwanzig Bögen eine steinerne Brücke den Fluss Orbigo. Über diese Brücke mussten die Pilger gehen. 1434 kam der edle Ritter Suero de Quiñones auf eine kuriose Idee. Er hatte ein Problem, wie später Don Quichotte: Wie konnte ein Ritter in diesen Zeiten den Idealen noch gerecht werden? Welche Schlachten und

Kämpfe für die gute christliche Sache waren noch zu führen? Mauren jedenfalls waren keine mehr zu besiegen. Diese Arbeit war größtenteils getan. Kurzum, der Ritter langweilte sich. Deshalb erbat er die königliche Erlaubnis, je fünfzehn Tage vor dem Feiertag des Heiligen Jakobus am 25. Juli und fünfzehn Tage danach sich mit einigen Ritterfreunden an der Brücke positionieren zu dürfen und die durchreisenden Pilger zum Kampf herauszufordern. Er bekam die Erlaubnis und das kuriose Ritterspiel konnte durchgeführt werden. Wie man sich erzählte, blieb während des einen Turniermonats ein Pilger auf der Strecke, viele wurden verletzt vom Turnierplatz getragen. Für Suero de Quiñones aber war die Sache ein Erfolg: Er wollte durch das Turnier auch eine blöde Halsfessel loswerden, die er infolge eines Gelübdes sich jeden Donnerstag anlegen ließ als Zeichen seiner Gefangenschaft in den Fesseln einer edlen Dame. Als Turniersieger durfte er sein Gelübde lösen, wie auch die Halsfessel. Heute ist sie in der Kathedrale in Santiago de Compostella zu betrachten: sie schmückt dort eine Büste von Jakobus dem Jüngeren.

*

Auch in der Stadt Burgos verlaufen sich die Pilger. Man gewahrt sie kaum. Erst außerhalb der Stadt tauchen sie wieder neben der Straße auf. Auf dem Weg nach León verläuft der Jakobsweg einmal mehr weite Strecken neben oder nah bei den Straßen. Oft kreuzt er die Straße, worauf die Autofahrer mit entsprechenden Schildern hingewiesen werden: Achtung, Pilger kreuzt! Dem Autopilger weist ansonsten das Muschelschild verlässlich den Weg. Nur muss man, um es zu finden, zunächst aus den Städten heraus sein. Man folgt den autobahnartig ausgebauten Ausfallstraßen in Richtung der nächsten größeren Stadt auf dem Pilgerweg, verlässt dann aber flugs die autobahnartige Straße und befindet sich alsbald wieder auf der offiziellen Pilgerroute. Es sind zumeist N-Straßen, die teilweise als 'alte' Straßen unweit der 'neuen' Autobahn verlaufen. Irgendwo in dem Straßengewirr finden auch die Fußpilger ihren Weg.

*

Die altkastilische Hochebene ist durchweg über 900 Meter hoch. Die Landschaft ist karg, das Klima anstrengend. Die Strecke ist hier besonders lang. Bedeutsamere Zwischenstationen fehlen. Zudem ziehen die Leute fort von hier, die Orte sterben aus. Seitdem der Jakobsweg aber wieder 'in' ist, gibt es für viele Orte doch kleine Hoffnung. Die modernen Pilger bringen Geld in die Gegend. Nicht für alle reicht es, doch wer Glück hat, dem haucht der Pilgergeldsegen neues Leben ein. Herbergen eröffnen wieder, Überleben ist zumindest möglich.

*

Mitten in der Landschaft liegt Frómista. Hier kreuzt die wieder erwachte Ost-West-Verbindung des Jakobwegs die 'moderne' Nord-Süd-Straße, die von Santander an der Küste über Palencia weiter ins Landesinnere führt. Auch eine Bahnstrecke folgt dieser Tour. Der Stopp in Frómista lohnt wegen der Kirche San Martin. Sie ist einer der frühesten romanischen Kirchenbauten in Spanien. Und unbeschadet von den Beeinträchtigungen eines fehlgeleiteten katholischen Bedürfnisses nach machtvoller Repräsentation. Will sagen: die Kirche steht da in all ihrer romanisch edlen Bescheidenheit.

*

Endlich erreicht man León. Eine römische Stadt. Hier war eine bedeutende militärische Streitmacht stationiert, die zum einen zur Grenzsicherung gegen die aufständische Bergbevölkerung diente, zum anderen aber auch die römischen Goldreserven in Las Médulas sichern sollte. Las Médulas war die wichtigste Goldmine des römischen Reiches. *„Was in* Las Médulas *geschieht,"* schrieb Plinius der Älteres über die Goldproduktion dort, *„übersteigt das Werk von Giganten. Die Berge werden mit Gängen und Stollen im Licht von Lampen gegraben die die Länge der Schicht messen. Monatelang sehen die Bergleute keine Sonne und* *viele von ihnen sterben in den Tunneln. Diese Form des Bergbaus hat den Namen Ruina Montium erhalten. Die Spalten im Innern des Gesteins sind so gefährlich, dass es einfacher wäre Purpurschnecken und Perlen auf dem Grund des Meeres zu finden, als Wunden in den Stein zu schlagen. Wie gefährlich haben wir die Welt gemacht!"* Aber ertragreich: Plinius berichtet, dass im Verlauf der römischen Herrschaft 1635 Tonnen Gold auf diese Weise den Bergen entrissen wurden. Heute ist die bizarre Berglandschaft UNESCO-Weltkulturerbe.

*

Nach den Römern kamen die Westgoten, 717 überrannten die Mauren die Stadt. Sie wurde zerstört, die Ruinen blieben weitgehend unbewohnt bis 856 der asturische König Ordoño die Stadt zurückeroberte und wieder besiedelte. 917 wurde León zur Hauptstadt eines eigenen Königreiches, das die Nachfolge Asturiens antrat. Das Königreich blieb in wechselnden Allianzen bis 1230 erhalten, als es schließlich endgültig mit Kastilien zusammengelegt wurde. Vor allem durch Handel konnte die Stadt im gesamten Mittelalter einen gewissen Wohlstand erhalten. Seit dem 16. Jahrhundert freilich verlor León seine Bedeutung als Residenz- und Handelsstadt. Die Einwohnerzahl sank, die Stadt wurde bedeutungslos. Vielleicht auch deshalb setzte León, wie auch schon Burgos, Hoffnung in die Franco-Rebellion Anfang der 1930er Jahre. León wurde eine Hochburg der Francisten. Franco dankte es der Stadt, indem er ihr weite Eingemeindungen erlaubte. So gewann die Stadt seit den 1960er Jahren wieder an Einwohnern und Einfluss. Anders als Burgos aber, das sich dem Besucher mit einer spürbar konservativ kühlen Distanz präsentiert, wirkt León heute weitaus wuseliger und belebter, fast schon südlich vereinnahmend.

*

Leóns Kathedrale ist, wie die Kunst- und Reiseführer vermerken, die „französischste" der spanischen Kathedralen. Zu Recht: Gotik auf ihrem Höhepunkt! Die himmelwärts strebende Schwerelosigkeit lässt die Wände verschwinden. Statt ihrer tragen schlanke Pfeiler und lichttrunkene Fenster die Last des Baus. Die durch die Buntglasfenster hineinflutenden Licht- und Farbspiele stehen sinnbildlich für die zeitgenössische Vorstellung des himmlischen Jerusalem, als dessen Ausdruck sich schließlich jede gotische Kathedrale empfand. In León ist dies im Originalzustand nachempfindbar: das vollständige Fensterprogramm ist erhalten. Ende des 12. Jahrhunderts begann man mit dem Bau, der durch zahlreiche Privilegien und Geldgeschenke möglich gemacht worden war. Seit 1250 waren die Bauarbeiten in vollem Gange. Der Baumeister kam nicht von weit her. 'Meister Enrique' war bereits in Burgos tätig. Schon dort hatte er seine französischen Vorbilder geltend gemacht, in León aber ging er noch einen Schritt weiter. Er baute eine französische Kathedrale. 1277 starb Enrique, aber seine Kathedrale war noch nicht fertig. Ähnlich wie's dem gotischen Dom in Köln geschah, blieb der Bau nun über Jahrhunderte unfertig. Anders als in Köln übernahm der barocke Zeitgeist die Aufgabe, die Kathedrale zunächst zu sichern sodann auszubauen. Indes – aus heutiger Sicht: zum Glück!

– bekam man die statischen Probleme nicht entscheidend in den Griff. Wie in Köln gelang es dann erst im 19. Jahrhundert die Kathedrale im gotischen Sinne zu vollenden. Man riss die barocken 'Stützbauten' ab und versuchte, die ursprüngliche gotische Konzeption zu verwirklichen. Mit Erfolg möchte man meinen, denn die 'neuen' Bauteile sind kaum zu unterscheiden von den echt gotischen. Auch im Inneren atmet die Kathedrale gotischen Geist. Wäre nicht der ärgerliche Coro, dann ließe sich ohne Abwägungen sagen: die Kathedrale von León ist die 'gotischste' der Kathedralen auf dem Jakobsweg.

*

Von León aus beginnt die letzte große eigenständige Pilgerpassage: nun endlich wird der Weg auch zu einer Naturbegegnung. Denn will man nach Galicien, so muss man über die Berge!

In der Landschaft zeichnen sich die alten Triebwege ab, über die seit Jahrhunderten die Schafherden zogen, die Städten wie Burgos und León ihren Reichtum brachten. Um den Tieren während der heißen Sommermonate Erleichterung zu schaffen, trieb man sie in die Berge Leóns, die nördlichen Berge Spaniens, die zu dieser Zeit saftige Wiesen boten. Das System, das ursprünglich von einigen wenigen adligen Großgrundbesitzern der Region begonnen worden war, wurde in ganz Spanien übernommen. Noch bis ins 19. Jahrhundert zogen jährlich über 3,6 Millionen Schafe über die staatlich geschützten Triebwege sommers Richtung Norden.

Der zu dieser Zeit einsetzende Preisverfall der

Wolle machte das Geschäft dann aber zunehmend unrentabler und die Tradition verfiel. Doch nun lebt sie wieder auf. 1995 stellte die spanische Regierung die alten Triebwege unter rechtlichen Schutz. Das System der „Transhumanica", also das System des Weidewechsels über die Triebwege wurde als ursprüngliches Element der spanischen Kultur erkannt. Hinzu kam, dass mit wachsendem Bewusstsein nachhaltiger Landwirtschaft auch die Vorteile des alten Systems gegenüber Formen der Intensivwirtschaft erkannt wurden. Ergebnis: Heute sind wieder knapp 100.000 Schafe auf den Triebwegen unterwegs. Die Wege kennzeichnen die Landschaft und mancher Pilger wird auf ihnen die 'neuen' Schafherden zu sehen bekommen.

*

Für die Pilger des Mittelalters waren die nördlichen Berge ein mächtiges Hindernis. Wer aufgrund schlechter Planung oder sonstiger Umstände zum ungünstigen Zeitpunkt, etwa mit einsetzendem Winter, die Berge erreichte, musste sein Vorhaben vorerst aufgeben. Schnee und Eis machten eine Überquerung unmöglich. Zum Wohlgefallen von Astorga. Dieser schon von den Römern zivilisierte Ort war darauf spezialisiert, gestrandete Pilger über die langen Monate des Wartens auf Tauwetter aufzunehmen. Mit entsprechenden Herbergen war man ausgestattet und eine prächtige Kirche stand ebenfalls zur Verfügung. Man kann über diese Dinge sich im ehemaligen Bischofspalast, der heute das Museum der Pilgerwege beherbergt, informieren. Ein etwas missglückter Bau, den 1889 noch

Antonio Gaudí begonnen hatte. Womöglich war bereits seine Idee für diesen Bau nicht ausgereift. Die typisch Gaudí'schen Stilmittel, die in Barcelona an so vielen Bauwerken immer wieder zu aufregenden Formen führen, wirken hier uninspiriert. Und unvollkommen, denn 1893, der Bau war noch nicht vollendet, gab Gaudí nach Streitigkeiten mit dem Bauherrn, den Bau auf. Erst 1913 wurde er von anderen nach abgeänderten Plänen fertig gestellt.

Nebenan weist die Kirche, die wesentlich vom Kölner Baumeister Simón de Colonia, der auch bereits in Burgos mitbaute, geplant worden sein soll, eine weitere Kuriosität auf. Auf einem Pfeiler der südlichen Apsis steht völlig frei eine Figur mit breitkrempigen Hut, in der rechten ausgestreckten Hand ein Banner haltend. Es handelt sich um den Helden Pero Mato und was ihn zum Helden machte, kann nicht überraschen: er war, so berichten die entsprechenden Legenden, ein berühmter Matamores. Gemeinsam mit Jakobus habe er gegen die Mauren gekämpft. Bedeutsamer ist ein anderer Aspekt, der sich mit der im 16. Jahrhundert an dieser Stelle errichteten Figur verbindet. Pero Mato soll Angehöriger der Maragatos gewesen sein. Über diese ethnische Gruppe mit eigenen, der ansässigen Bevölkerung fremdartig anmutenden Gebräuchen, besteht bis heute keine völlige Klarheit. Angeblich sollen sie Nachkommen versprengter Berberstämme oder ausgesetzter maurischer Sklaven sein. Andere halten sie für das Ergebnis westgotisch-maurischer Verbindungen. Wieder andere halten sie für die letzten Nachkommen der ehemals keltischen Bevölkerung auf der iberischen Halbinsel. Sei's wie es sei: für die Jakobstrategen war es symbolträchtig und wichtig, auch diese Volksgruppe – gerade dann, wenn ihre Herkunft sie möglicherweise selber an die Mauren band – in die Reconquista einbinden zu können.

*

Von Astorga aus beginnt der landschaftlich wohl aufregendste Teil des Jakobwegs. Endlich, möchte man meinen, führt der Weg durch eine Natur, die ihrerseits dem Pilger Inspirationsquelle sein kann. Es geht hinauf bis auf 1500 Meter zum Rabanalpass. Auf dem Weg hinauf passiert man verlassene Dörfer, von denen nur noch Ruinenreste zeugen. Die Dörfer, die überlebten, sind freilich heute aus dem Gröbsten raus: die Pilgermode rettete sie vor dem Aussterben. Man bietet Herbergen, Cafés und Restaurants. Auf dem Puerto de Rabanal wächst aus einem Steinhaufen ein eisernes Kreuz. Die Steine werden von Pilgern abgelegt, unmittelbar zu Füßen des Kreuzes finden sich weitere abgelegte Pilgerdevotionalien. Triviali-täten, wie Schuhe, Ansichtskarten, Kleidungs-reste und dergleichen. Pilgermüll!

*

Abwärts erreicht man Ponferrada mit einer im-posanten Templerburg, einer Art idealtypi-scher Ritterburg, in der sich unsere Ritter bis an ihr Lebensende wohlgefühlt haben könn-ten. Weiter gen Santiago hatte der Ort Villa-franca del Bierzo für die Pilger eine wichtige Bedeutung. Hier erhielten diejenigen, die we-gen Krankheit oder anderer Malaisen, den Restweg nach Santiago nicht mehr schaffen konnten, Absolution. Sie war der von Santiago gleichgestellt, so dass die Pilger auch formal ans Ende ihres Weges angekommen waren. Auf dem Pilgerfriedhof fanden viele von ihnen ihre letzte Ruhestätte.

*

Die Etappen werden jetzt kürzer. Die Nähe von Santiago ist spürbar. Abseits des Pilgerweges liegt Lugo, das aus einem Grund einzigartig ist: Nirgendwo sonst gibt es eine vollständig erhaltene römische Stadtmauer. Das prächtige Mauerbauwerk ist ein eigener Flanierweg, über den man die Stadt spazierend umrunden kann. Beeindruckend!

*

Mit dem Auto erreicht man jetzt zügig das Ziel der Pilgerreise. Die Fußpilger freilich müssen noch beschwerliche Etappen auf sich nehmen.

Man ist längst noch nicht wieder in der Ebene. Der Pedrafitapass liegt auf 1109 Meter Höhe und ist einer der niedrigen Übergänge über die kantabrische Kordillere. Aber wie auch immer: die Grenze ist überschritten. Galicien ist erreicht. Während man mit dem Auto die Höhen flugs überwindet, wird anschaulich, wie abgeschieden Galicien von Restspanien liegt. Ein eigenes Land im Land.

*

Santiago de Compostella – lebendiger Barock! Weil die Stadt auch ohne Pilger lebt, ist der alles dominierende Repräsentationsbarock zu ertragen. Viele der barocken Gebäude werden heute von der Universität genutzt.

Und glücklicherweise kam der barocke Ehrgeiz der Kathedrale letztlich auch nicht zu nahe. Nur nach Westen hin konnte sich der Barock ausbreiten. Zur Verlängerung der Kathedrale brauchte es einen massiven Unterbau, die sogenannte „Alte Kathedrale". Der Bau bedingte die repräsentative doppelte Treppe, die vom Vorplatz der Kathedrale zu dieser hinauf führt. Auf dem Vorbau ruht die 1738-1750 errichtete Westfassade, die heute so markant den Anblick der Kathedrale prägt. Die prachtvolle Fassade hatte eine theatralische Funktion: sie sollte der Vorhang sein, hinter dem sich das weitere Geheimnis der Kathedrale öffnete. Und das war in diesem Fall das romanische Portal der wirklich alten Kirche. Die drei Portale des „Pórtico de la Gloria" zählen wohl zu den beeindruckendsten Werken der Romanik in Spanien und darüber hinaus. Man betritt also, wenn man die unförmigen und keinesfalls schrittgerechten Stufen der barocken Treppe hinauf zum Eingang erstiegen hat, eine romanische Kirche. Weil hier nun endlich auch der Coro fehlt – er nähme zu viel Platz weg – ergibt sich tatsächlich zum ersten Mal ein kirchliches Raumgefühl, das Größe, Würde und Erhabenheit ausstrahlt. Nun also auf zu Jakobus. Dem huldigt man in zwei Stufen: zunächst betritt man von der Seite den Hochaltar, von dem aus seine Büste in den Kirchenraum schaut. Man umarmt ihn, d.h. die Büste, von hinten und küsst seine Wangen. Auf der anderen Seite verlässt man den Altar und steht nun vor dem Eingang zur Krypta, in dem sich die Gebeine des Heiligen befinden. Man steigt hinab – und steht vor den Gebeinen des wahren Jakob?

*

Die Sache bedarf einer neuerlichen Betrachtung. Im Jahre 718, die Eroberung Spaniens durch die Mauren war noch im Gange, erhob sich in Asturien die Bevölkerung gegen die neuen Machthaber. Nicht ungewöhnlich: schon die Römer sahen sich veranlasst, gegen die aufständischen Grenzbewohner besondere militärische Vorkehrungen zu treffen. Es gelang den Aufständischen unter ihrem Führer Pelayo, eine kleine 'befreite Zone', die Kernzelle des späteren Königreichs Asturien, zu errichten. Die Mauren kümmerten sich zunächst wenig um die rebellischen Untertanen, erst im Jahre 722 (andere meinen, es sei bereits im Jahre 718, im Jahr der Ernennung Pelayos zum Führer (König) der Aufständischen gewesen) schickten sie sich an, die Rebellen in die Schranken zu verweisen. Aber es kam anders: die Aufständischen konnten die maurische Mi-

liz besiegen. Die „Schlacht von Covadonga"
war der erste Sieg einer einheimischen Streitmacht über die Mauren. Schnell wurde eine
andere Interpretation der Schlacht bedeutsamer: es war der erste Sieg einer 'christlichen'
Streitmacht über die Ungläubigen, weshalb sie
bis heute den Beginn der Reconquista mar-
kiert.

*

Errungen wurde dieser Sieg vom kleinen Königreich Asturien. Ihm oblag nun die Aufgabe,
die Ungläubigen zu vertreiben und dem Chris-
tentum zum endgültigen Sieg zu verhelfen.
Die asturische Kirche nahm sich der Sache an.
Im 8. Jahrhundert hatte die spanische Kirche
einen schweren Stand. Weit ab von Rom fühlte
man sich alleingelassen angesichts der dro-
henden islamischen Herrschaft im eigenen

Land. Zudem schwächten innere Auseinandersetzungen die Kirche. Im „Adoptianismus-Streit" vertrat ein Teil der spanischen Kirche, vertreten durch den Bischof von Toledo, die Meinung, dass Christus aufgrund seines sündenfreien Lebens von Gott adoptiert und so erst 'göttlich' wurde. Diese Ansicht, die das Gottes-Sohn-Prinzip ins Wanken bringen konnte, stand im Gegensatz zur 'offiziellen' Lehre, die von der Göttlichkeit Christi von Geburt an ausging. Die Position der römisch-fränkischen Kirchenordnung vertrat auch die asturische Kirche. Auf verschiedenen Synoden wurde die Frage geklärt und der Adoptianismus wurde schließlich als Ketzerei verurteilt. Ein Sieg für die asturische Kirche, der zudem dadurch noch bedeutsamer wurde, dass sie inzwischen nach der Schlacht von Covadonga als einzige in Spanien über ein eigenes 'maurenfreies' Territorium verfügte. Was für ein Pfund! Trotzdem blieb man vom Rest des christlichen Abendlandes abgeschnitten. Es mag sich auch von daher erklären, dass man in Asturien bemüht war, zumindest ideell den Anschluss an die übrige Christenheit nicht zu verlieren. So entstand die Idee der Wiederherstellung des alten christlichen Westgotenreichs in Spanien. Das aber konnte als eine Aufgabe für die gesamte Christenheit angesehen werden. Asturien stellte sich somit stellvertretend für die Christenheit dem Kampf mit den Muslimen.

So rückte das kleine Land für einen kurzen Moment in der Geschichte in den Mittelpunkt. Auf dem Konzil in Regensburg 792 wurde der Adoptianismus verurteilt und die asturische

Kirche wurde als eigenständige Kirche gewürdigt. In Oviedo, inzwischen zur Hauptstadt des neuen Reiches aufgestiegen, finden sich noch Reste von Kirchenbauten, die den Versuch dokumentieren, mit dem Anspruch der Restitution des westgotischen Reiches einen für die ganze Christenheit prägenden Baustil vor der Romanik zu 'erfinden'. Gleich abseits der Autobahn bei der Einfahrt in die Stadt von Gijon aus, zeugt die feine Kirche San Julián des los Prados von diesem Anspruch. Diese vorromanische Kirche ist von einer beeindruckenden schlichten Würde. Die die Fensteröffnungen verzierenden Steingitter sind in ihren Mustern geprägt vom maurischen Einfluss. Ihre Adaption wirkt selbstverständlich und selbstbewusst. Noch 'schöner' sind die beiden Bauten, die man nach einigen Suchanstrengungen etwas außerhalb der Stadt findet. Santa Maria de Naranco ist ein in seiner Eleganz zeitlos schöner Bau. Sowohl das untere Geschoss als auch das Obergeschoss wurden mit gewagten Gewölben ausgestattet. Einmalig zu dieser Zeit. Schlanke Strebepfeiler, die das Gewicht der Gewölbe verteilen, haben eine überraschend 'gotische' Anmutung. Eher schon klassisch romanisch mutet der Baurest von San Miguel de Lillo an, welcher nahbei zu bewundern ist.

*

Während der folgenden knapp einhundert Jahre kämpfte Asturien für die christliche Sache. Stückweise konnte man – einmal mehr unter Ausnutzung interner Streitigkeiten der Mauren – Gebiete zurück erobern, darunter auch Galicien. Unter Alfons III, der von 866 –

910 das Königreich beherrschte, erlangte Asturien seine Blütezeit. Alfons definierte seine Herrschaft ganz im Sinne des Neogotismus, der unter ihm die zentrale Legitimation für die Reconquista wurde.

Doch das Konstrukt von der Nachfolge der Westgoten, die, so Alfons in einer von ihm selbst verfassten Chronik, aufgrund sexueller Ausschweifungen ihrer letzten Könige von Gott gestraft wurden und deshalb ihre Herrschaft an die Mauren verloren, blieb vage. Heutige Forscher bezweifeln auch, ob dieses Konstrukt überhaupt eine tatsächliche Bedeutung für die Identität Asturiens hatte. Erst sehr viel später, das eigenständige Königreich Asturien gab es längst nicht mehr, sei der Neogotismus zur Legitimation der Reconquista aufgewärmt wurden. Egal, mit dem Apostel Jakobus boten sich ganz andere Möglichkeiten der Propaganda: *„Oh wahrhaft würdiger, heiliger Apostel"*, hatte der asturische Mönch Beatus de Liébana in einem Hymnus passgenau gedichtet, *„goldglänzendes Haupt Spaniens, unser Schutz und hilfreicher Patron."* Und nun fand sich genau dieses Apostels Grab am „Campo de la Estrella" (einfacher Compostella). Sofort wurde investiert. Ein Kirche wurde am Fundort errichtet. Santiago (heiliger Jakob) de Compostella wurde mit päpstlicher Unterstützung zum Bischofssitz. Papst Calixtus II übertrug 1124 die zunächst noch zeitlich beschränkte Metropolitanwürde (Erzbischofsrecht) des maurisch besetzten Mérida „auf Dauer" nach Santiago de Compostella. Zugleich wurde kräftig 'Geschichte geschrieben', denn auch die Zeitgenossen waren nicht völlig davon überzeugt, dass Jakobus tatsächlich der Missionar der Iberer gewesen war. Man setzte auf ständige Wiederholungen. Sämtliche Chroniken wiederholten den Text bis er in der „Historia Compostellana" (1139) offiziell geworden war. Abgesichert wurde die 'Wahrheit' durch fingierte Papstbriefe, die die Bedeutsamkeit Jakobs und des Orts seiner Verehrung betonten.

Santiago de Compostella entwickelte sich so schnell zu einem bedeutsamen Pilgerort. Neben Rom und Jerusalem war Santiago de Compostella während des gesamten Mittelalters bis in die frühe Neuzeit einer der drei großen Wallfahrtsorte der Christenheit. 1495 erschien ein erster deutschsprachige Pilgerführer: „Die walfart und straß zu sant Jacob", der vielfach nachgedruckt große Popularität

erlangte. Dann freilich schlief der Wallfahrts-
boom nach Galicien etwas ein. Die Geschicke
in der übrigen Welt waren dem Pilgerenthu-
siasmus nicht eben förderlich. Von Deutsch-
land aus drohte die Spaltung der Christenheit,
Lutheraner jedenfalls hätten sich kaum zur Ja-
kobsfahrt bewegen lassen. Der Dreißigjährige
Krieg laugte die westlichen Lande aus. Keine
Reserven mehr für's Pilgern. Über 300 Jahre
herrschte Stille um Santiago de Compostella.
1878-1879 rückten Archäologen an, die erst-
mals mit seriösen wissenschaftlichen Metho-
den das Grab Jakobs untersuchten.

Hintergrund dieser Aktion war eine kuriose
Geschichte, die sich fast 300 Jahre vorher er-
eignet hatte und in deren Folge, die Gebeine
Jakobs 'verschwanden'. 1589 drohte der briti-
sche Seefahrer Francis Drake, der ein Jahr zu-

vor maßgeblich an der Zerschlagung der berühmten spanischen Armada beteiligt war, nach Compostella einzurücken. Er hatte seiner Königin ein irrwitziges Projekt zur endgültigen Zerschlagung der spanischen Seemacht abgeschwatzt. Nach Eroberung der nördlichen Häfen San Sebastian und Santander wollte Drake bis nach Lissabon vordringen und dort dem spanischen Konkurrenten den endgültigen Garaus machen. Mit 150 Schiffen und 18.000 Mann Besatzung rückte Drake aus, aber schon in La Coruna lief das Vorhaben aus dem Ruder. Drakes Streitmacht soff sich plündernd in die Unzurechnungsfähigkeit. Der Admiral war nicht in der Lage, die Disziplin wiederherzustellen.

Indes hatte sich die Kunde vom Überfall auf La Coruna mit dem apokalyptischen Besäufnis der Plünderer bis nach Santiago de Compostella verbreitet. Das Gerücht kam auf, Sir Dake wolle die Stadt in ähnlicher Weise heimsuchen. Hektisch wurden Vorkehrungen getroffen. Vor allem anderen wurden die Jakob-Reliquien gesichert. Man verbrachte sie an einen sicheren Ort – so sicher, dass man sie nach der großen Aufregung nicht mehr fand. Erst die archäologischen Grabungen förderten sie wieder zutage. Tatsächlich? Nachdem die Archäologen abgezogen waren, wurden ihre Grabungsergebnisse durch die römischen Kirchenbehörden 'geprüft' und Leo XIII veröffentlichte die Bulle „Deus Omnipotens" vom 1.11.1884. Er bestätigte die Echtheit der Reliquien, erneuerte die Privilegien für den Wallfahrtsort und rief zur Wiederbelebung der Jakobstradition auf. So geschah's. Besondere

Würdigung erfuhr die Pilgertradition auch noch unter der Franco-Herrschaft, die der Kirche als wichtigem Bündnispartner insgesamt viele Privilegien zueignete. 1993 wurde der Jakobsweg zum UNESCO-Weltkulturerbe.

*

Von Santiago de Compostella sind es nur noch wenige Kilometer bis an die galicische Küste. Hier war für die Zeitgenossen des Mittelalters das Ende der Welt an Europas Westkap – am Cabo Fisterra. Man schaut in die Ferne auf die Weite des Meeres. Costa de Morte, Todesküste, nennt man diesen Küstenbereich. Hier können sicher nur ganz besondere Boote anlanden. „Engelsboote" vielleicht, wie jenes, das vor fast 2000 Jahren den toten Jakobus nach Galicien brachte.

Zeittafel

Jahr	Ereignis
44	Der Apostel Jakobus wird in Jerusalem hingerichtet. Ein „Engelsboot" bringt den Leichnam nach Galicien
6./7. Jhdt.	Die Legende von der Missionierung Spaniens durch Jakobus entsteht
711-718	Die Mauren erobern die iberische Halbinsel
717	Die Mauren überrennen León
718 / 722	Pelayos wird zum Führer (König) der asturischen Aufständischen gegen die Mauren gewählt. In der „Schlacht von Covadonga" gelingt erstmals ein Sieg gegen maurische Truppen. Es entsteht das Königreich Asturien
732	Karl Martell schlägt maurische Truppen in der Schlacht von Tours/Poitiers
778	Roland, ein Truppenführer Karl des Großen kommt bei einem Überfall baskischer Aufständischer gegen die Franken in Roncevalles ums Leben. Kurz zuvor hatte Karl der Große Pamplona, die Hauptstadt des gleichnamigen Königreiches (seit 824 Navarra), zerstört
792	Das Konzil von Regensburg erklärt den Adoptianismus zur Ketzerei. Die asturische Kirche, die die Position Roms vertrat, wird dadurch aufgewertet

Frühes 9. Jhdt.	Während der Zeit des Bischofs Theodemir von Iria Flavia wird von einem Einsiedler das Grab des Jakobus entdeckt
824	Das Königreich Navarra entsteht
844	In der Schlacht von Clavijo soll der Apostel Jakobus hoch zu Ross die asturischen Truppen gegen die Mauren angeführt haben. Die Schlacht ist historisch nicht erwiesen. Die Legende wurde aber maßgeblich für die Jakobstradition
850	In Burgos werden die Mauren vertrieben
856	Von Asturien aus wiederbesiedelt König Ordoño die von den Mauren verlassene Stadt León
866 – 910	Unter Alfons III erlangt Asturien seinen Machthöhepunkt
899	Die erste Bischofskirche in Santiago wird im Beisein von Alfons III geweiht
917	León wird Hauptstadt des Königreichs León. Das Königreich hatte sich 913 mit Beginn des Niedergangs von Asturien als dessen Nachfolgereich gegründet
923	Navarra und León erobern die Stadt Logrono
924	Das Königreich Asturien geht im Königreich León auf
951	Erster Bericht über eine grenzüberschreitende Pilgerfahrt durch Bischof Gottschalk aus

dem französischen Le Puy

1020	Unter Sancho III (1004-1035) erreicht Navarra seine größte territoriale Ausdehnung und politische Macht. Er teilt das Reich unter seinen Söhnen auf. Einer wird König von Pamplona, einer König von Aragón, Ferdinand erhält die Grafschaft Kastilien
1037/38	Ferdinand I übernimmt den Titel König von Kastilien. In den folgenden Jahren obsiegt er in Familienstreitigkeiten und übernimmt de facto auch die Herrschaft in León, Asturien und Galicien.
1043	Geburtsjahr El Cids
1075	Beginn des Baus der heutigen Kathedrale in Santiago
1090	Estella wird durch Navarra gegründet
1095	Papst Urban II verlegt den seit dem 4. Jahrhundert bezeugten Bischofssitz von Iria Flavia nach Santiago de Compostella
1094-1099	Herrschaft „El Cids" in Valencia
1124	Santiago de Compostella erhält die Metropolitanwürde „auf Dauer"
1139	Mit der „Historia Compostellana" wird die Jakobslegende 'offiziell'
1147	Einigung zwischen Navarra und Kastilien
1230	Vereinigung der Königreiche León und

Kastilien

1235	Die Handschrift „El Cantar de Mio Cid", wohl eine Abschrift aus dem 11. Jahrhundert, erscheint als erstes Heldenepos über El Cid
1277	Todesjahr des Baumeisters Enrique, der die Kathedralen in Burgos und León maßgeblich plante und erbaute
1492	Mit Boabdlil („der Unglückliche"), der als Muhammad XII letzter Emir in Granada war, resigniert der letzte maurische Fürst in Spanien. Damit ist die Reconquista beendet und ganz Spanien wieder unter christlich-(katholischer) Herrschaft
1495	In Deutschland erscheint erstmals in deutscher Sprache ein Pilgerführer: „Die walfart und straß zu sant Jacob"
1589	Aus Angst vor einem Überfall durch englische Plünderer werden die Gebeine Jakobs in ein sicheres Versteck ausgelagert. So sicher, dass sie seitdem verschollen blieben. Zu diesem Zeitpunkt war indes die Pilgerfahrt bereits völlig zum Erliegen gekommen
1605/ 1615	Der erste und zweite Teil des Ritterepos „El ingenioso hidalgo Don Quixote de la Mancha" (Der sinnreiche Junker Don Quichotte de la Mancha) von Miguel de Cervantes erscheinen

1878/79	Bei archäologische Grabungen am Jakobusgrab finden sich die Gebeine wieder
1884	In der Bulle „Deus Omnipotens" anerkennt Papst Leo XIII die Jakobstradition und erneuert die Privilegien
1982	Als erster Papst besucht Johannes Paul II das Jakobsgrab besucht
1993	Der spanische Jakobsweg wird UNESCO-Weltkulturerbe